Sarah Retter

SPANISH FOR BUSINESS: FAST TRACK LEARNING for ENGLISH SPEAKERS

The 100 most used English business words with 600 phrase examples.

Focus your Spanish learning on the most frequently used business English words. Learn how to use in Spanish the 100 business English words you need for your work.

© 2016 by
© 2016 by UNITEXTO
All rights reserved

Published by UNITEXTO

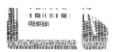

SPANISH FOR BUSINESS: FAST TRACK LEARNING for ENGLISH SPEAKERS

SPANISH FOR BUSINESS: FAST TRACK LEARNING for ENGLISH SPEAKERS

TABLE OF CONTENTS

MOST FREQUENT BUSINESS WORDS

PHRASE EXAMPLES

SPANISH FOR BUSINESS: FAST TRACK LEARNING for ENGLISH SPEAKERS

SPANISH FOR BUSINESS: FAST TRACK LEARNING for ENGLISH SPEAKERS

100 MOST FREQUENT BUSINESS WORDS

1. Business Negocio	2. Profit Ganancia
3. Marketing Marketing	4. Telecommuting Trabajo a distancia
5. Management Gerencia	6. Downsizing Reducción de personal
7. Outsourcing Tercerización	8. Research Investigación
9. Headquarters Sede	10. Market Mercado
11. Bonus Bonificación	12. Personnel Personal
13. Quarter Trimestre, cuartel,	14. Promotion Promoción

moneda de veinticinco	
15. Asset Activos	16. Recruitment Reclutamiento
17. Sales Department Departamento de ventas	18. Liability Responsabilidad, carga
19. Presentation Presentación	20. Meeting Reunión
21. End user Usuario final	22. Party Parte
23. Objective Objetivo	24. Entrepreneur Emprendedor
25. Contract Contrato	26. Commercial Comercial
27. Venture Capital Capital de riesgo	28. Investment Inversión

SPANISH FOR BUSINESS: FAST TRACK LEARNING for ENGLISH SPEAKERS

29. Credit Crédito	30. Opportunity Cost Coste de oportunidad
31. Logistics Logística	32. Agreement Acuerdo
33. Shareholder Accionista	34. Stakeholder Beneficiario, grupo interesado
35. Interest Interés	36. Customer Service Department Departamento de atención al cliente
37. Inventory Inventario	38. Terms Términos
39. Loan Préstamo	40. Lien Gravamen
41. Manager Gerente, administrador, entrenador	42. Board of Directors Junta directiva

43. Accounting Contabilidad	44. Staff Personal
45. Human Resources Recursos humanos	46. Capital Capital
47. Budget Presupuesto, asignar dinero	48. Disruption Alteración
49. Networking Red de contactos	50. Launch Lanzamiento
51. Consumer Consumidor	52. Supply Chain Cadena de suministro
53. Startup Empresa nueva, arranque	54. Branding Marca
55. Overhead Gastos generales, por encima	56. Point of Sale Punto de venta

57. Cost of Sales Costo de ventas	58. Wholesale Mayorista
59. Company Compañía	60. Revenue Ingresos
61. Salary Salario	62. Account Cuenta
63. Grant Subvención	64. Non Profit Organizations Organizaciones sin fines de lucro
65. Operations Operaciones	66. CEO Presidente, Director Ejecutivo
67. Equity Equidad	68. Competitor Competidor
69. Merger Fusión	70. Acquisition Compra
71.	72.

Partnership Sociedad	Agenda Objetivos
73. Status report Informe de actualización	74. Margin Rendimiento, margen
75. Sponsor Patrocinante	76. Income statement Estado de pérdidas y ganancias
77. Balance sheet Hoja de balance	78. Cash flow statement Estado de flujo de fondos
79. Bill Factura	80. Platform Plataforma
81. Trading Comercio	82. Social Media Redes sociales
83. Project Proyecto	84. Multitask Multitarea
85. Consensus	86. Resign

Consenso	Renunciar
87. CV Resumen curricular	88. Conference Call Llamada en conferencia
89. Exchange Rate Tasa de intercambio	90. Transaction Transacción
91. Viral Marketing Marketing viral	92. Industry Industria
93. Monetization Monetización	94. Scalable Expansible
95. Strategy Estrategia	96. Information Technology Tecnologías de la información
97. Trademark Marca registrada	98. Business plan Plan de negocios
99. Deadline Plazo límite	100. Veto Veto

SPANISH FOR BUSINESS: FAST TRACK LEARNING for ENGLISH SPEAKERS

PHRASE EXAMPLES

1. Business

In *business* transactions, Alice was frugal with her money but when with her family, she was very generous.	En transacciones de *negocio* Alicia era frugal con su dinero, pero con su familia era muy generosa.
I know about your secret *business* and I know you know I know	Sé de tu *negocio* secreto y sé que vos sabés que yo sé.
Jack's *business* was to sell charcoal to the rich people in the city.	El *negocio* de Jack era vender carbón a los ricos de la ciudad.

2. Profit

I turned a good *profit* on that piece of real estate.	Hice buenas *ganancias* con esos bienes raíces.
By the end of the summer I'll have enough *profit* to roof the house	Al final del verano tendré suficientes *ganancias* para ponerle techo a la casa.
He had helped her blend her dream of a horse ranch into a *profit* making package of a guest ranch.	Él la ayudó a convertir su sueño de una granja de caballos en *ganancias* haciendo una granja de huéspedes.

3. Marketing

The manager asked his team to come up with the latest *marketing* campaign.	El gerente le pidió a su equipo inventar la última campaña de *marketing*.
I helped them with basic *marketing* principle which was my major in high school.	Los ayudé con los principios básicos del *marketing*, que fue mi especialización en escuela secundaria.
The *marketing* team of the company has come up with a slew of unique commercials.	El equipo de *marketing* elaboró un montón de comerciales únicos.

4. Telecommuting

Corporations should take advantage of *telecommuting*, which can also be a great help in reducing the use of gasoline.	Las corporaciones deberían aprovechar el *trabajo a distancia*, que también puede ser una excelente manera de reducir el uso de gasolina.
The manager realized that *telecommuting* and the 4-day week will help to increase productivity of the company.	El gerente se dio cuenta que *el trabajo a distancia* y las semanas de 4 días ayudarían a incrementar la productividad de la compañía.
All corporations must understand that large scale	Todas las corporaciones deben entender que el *trabajo a*

telecommuting will reduce the annual cost of a company.	*distancia* a gran escala reducirá los costos anuales de la compañía.

5. Management

The *management* of the new company is very strict in enforcing rules and regulations.	La *gerencia* de la nueva compañía es muy estricta al hacer cumplir reglas y normas.
You must inform the top *management* about his erratic behavior.	Debes informarle a la *gerencia* sobre su comportamiento errático.
The *management* is yet to take a decision on wage increase of its employees.	La *gerencia* todavía no ha tomado una decisión del incremento de salario de sus empleados.

6. Downsizing

There are a couple of definitions of *downsizing* in the real estate world.	Hay un par de definiciones de *reducción de personal* en el mundo de los bienes raíces.
The company has adopted *downsizing* to solve the financial woes of the company.	La compañía adoptó una *reducción de personal* para resolver los problemas económicos de la compañía.

The CEO wants to adopt the policy of *downsizing* to cut down on additional costs.	El Presidente quiere adoptar la política de *reducción de personal* para reducir costos adicionales.

7. Outsourcing

There are a hundred good reasons why *outsourcing* raises the overall standard of living of the world.	Hay cientos de razones por las que la *tercerización* mejora los estándares de vida generales en el mundo.
My purpose is to explain the net effect of free trade, technological advance, and *outsourcing* on the overall economic system of the planet.	Mi propósito es explicar el efecto neto del libre comercio, avance tecnológico, y *tercerización* en el sistema económico general del planeta.
As current trend, every organization is looking for *outsourcing* partners.	Como tendencia actual, cada organización está buscando socios de *tercerización*.

8. Research

I was trying to research the buyer.	Estaba tratando de *investigar* al comprador.
Betsy's clandestine research about Julie, such as it was, was	La *investigación* clandestina de Betsy sobre Julie, tal como fue,

shared only with me.	solo la compartió conmigo.
There are dozens of interesting computer-related research projects under way in Australia's universities.	Hay docenas de proyectos de *investigación* interesantes en progreso en las universidades de Australia.

9. Headquarters

The company should relocate its *headquarters* to Sydney as soon as possible.	La compañía debería mover su *sede* a Sydney tan pronto como sea posible.
Where is the company *headquarters* located?	¿Dónde se ubica la *sede* de la compañía?
Please submit all papers to the chief at the *headquarters* by tomorrow morning.	Por favor envía todos los papeles al jefe en la *sede* mañana en la mañana.

10. Market

Advertisers are trying to appeal to the youth *market*.	Los publicistas tratan de atraer al *mercado* joven.
New *markets* are opening up all over the world.	Se están abriendo *mercados* nuevos en todo el mundo.
They are trying to develop foreign *markets* for American	Están tratando de desarrollar *mercados* extranjeros para

| cotton. | algodón americano. |

11. Bonus

The rate at which the exchange was effected was par with a cash *bonus* of 6%.	La tasa en la que se efectuó el cambio estaba a la par con una *bonificación* de efectivo de 6%.
The government offered a *bonus* to those owners of creameries who would provide cold-storage accommodation.	El gobierno ofreció una *bonificación* para los dueños de las fábricas de lácteos que proporcionaran almacenamiento en frío.
Staff members were given a *bonus* for finishing the project on schedule.	Los miembros del personal recibieron una *bonificación* por terminar el proyecto a tiempo.

12. Personnel

Labor announced before the election that it would commit a small number of non- combat *personnel* to assist the UN in Baghdad.	La fuerza laboral anunció antes de las elecciones que se comprometerían con un pequeño número de *personal* no combatiente para ayudar a la ONU en Bagdad.
Australian defense *personnel* in southern Lebanon are withdrawn after Israel refuses	El *personal* de defensa australiano en el sur de Líbano se retiró después de que Israel se

to guarantee peacekeepers' safety.	negó a garantizar la seguridad de los mediadores.
The doctor turned to his trusted personnel to execute the difficult operation.	El doctor acudió a su *personal* confiable para realizar la difícil operación.

13. Quarter

If they found you out, the assault on you from every *quarter* would be unimaginable.	Si lo descubrieran, el ataque hacia ti desde cada *cuartel* sería inimaginable.
The young college-aged waitress inserted the tack, placed a *quarter* beneath it for weight and sounded a horn to call attention	La joven mesonera universitaria insertó la tachuela, colocó *una moneda de veinticinco* debajo para hacer pesos y sonó una bocina para llamar la atención.
The Income Tax officials are supposed to carry out an audit in the 3rd *quarter*.	Los oficiales tributarios deben realizar una auditoría en el 3.° *trimestre*.

14. Promotion

He replaced me in Scranton when I got this *promotion* here to the head office.	Él me reemplazó en Scranton cuando recibí esta *promoción* aquí a la oficina principal.
She was given a well-deserved	Ella recibió una merecida

promotion.	*promoción.*
The company is offering a special *promotion* to increase sales.	La compañía ofrece una *promoción* especial para incrementar ventas.

15. Asset

He is a vital *asset* and the director knows it.	Él es un *recurso* vital y el director lo sabe.
He could be such an *asset* to the Council that was just elected.	Él podría ser un gran *recurso* en el Consejo acaba de ser elegido.
Jane has been a real *asset* to the company this year.	Jane ha sido un verdadero *recurso* para la compañía este año.

16. Recruitment

The company recently launched one of the largest *recruitment* drives in the agency's history and is seeking a 20 per cent increase in staff numbers	La compañía recientemente lanzó uno de los últimos esfuerzos de *reclutamiento* en la historia de la agencia y está buscando un incremento de 20% en números de personal.
I'm getting reports from the *recruitment* team that the new staff members are not	Estoy recibiendo reportes del equipo de *reclutamiento* de que los nuevos miembros del

performing according to potential.	personal no están rindiendo de acuerdo a su potencial.
The bank is on a massive *recruitment* drive this month.	El banco está en un esfuerzo de *reclutamiento* masivo este mes.

17. Sales department

It is generally seen that it is the employees in the *sales department* in an organization that need to be motivated the most.	Generalmente se ve que los empleados del *departamento de ventas* en una organización son los que más deben ser motivados.
Sometime back I used to work in the *sales department* of a famous retail shop.	Hace un tiempo trabajé en el *departamento de ventas* de una tienda famosa.
The *sales department* of the company has decided to hire more graduates for on-field jobs.	El *departamento de ventas* de la compañía decidió contratar más graduados para trabajo en el sitio.

18. Liability

Jack has become a *liability* for the company.	Jack se ha convertido en una *carga* para la compañía.
Colorado law exempts land owners from most liability if	Las leyes de colorado eximen a los propietarios de tierras de la

the land for recreational is freely offered, at no charge.	mayoría de las *responsabilidades* si la tierra se ofrece libremente sin cargo, para uso recreativo.
The company is eager to cut down on *liabilities* so that it incurs less loss in the next fiscal.	La compañía está dispuesta a reducir *cargas* para que haya menos pérdidas en el siguiente año fiscal.

19. Presentation

Jackson helped set up the presentation on the stage, and then took a seat at the back of the lecture hall as the students meandered in.	Jackson ayudó a hacer la *presentación* en el escenario, y luego se sentó atrás en el salón de conferencias a medida que se acomodaban los estudiantes.
Any bill not returned with objections within five days after presentation becomes a law.	Cualquier propuesta no devuelta con objeciones en cinco días después de su *presentación* se convierte en ley.
The first is most obvious in the scenes of quiet description and emotion in whose presentation he particularly excels.	La primera es más obvia en las escenas de descripción silenciosa y emoción, en cuya *presentación* él se destaca.

20. Meeting

They contain valuable	Contienen información valiosa

conference and *meeting* information.	de la conferencia y la *reunión*.
If you live in a Condominium, you cannot afford to miss the Annual *meeting* of your Homeowner's Association.	Si vives en un condominio, no puedes perderte la *reunión* anual de tu asociación de propietarios.
We've got a *meeting* at two and it's almost one-thirty now.	Tenemos una *reunión* a las dos y es casi la una y treinta.

21. End user

This usage meter is supposed to enable the *end user* to keep track of use in that month.	Este medidor de uso debe permitirle al *usuario final* seguir el uso en ese mes.
The *end user* of our product usually understands the manner in which we define our customers.	El *usuario final* de nuestro producto por fin entiende la manera en que definimos a nuestros clientes.
Microsoft has come up with some of the state-of –the –art software tools for the benefit of the *end user*.	Microsoft inventó algunas herramientas de software innovadoras para el beneficio del *usuario final*.

22. Party

| No, not too far, but the party is | No, no es muy lejos, pero la |

tonight, so we need to stay close.	*fiesta* es esta noche, así que necesitamos estar cerca.
You will need a sitter for the party anyway.	Necesitarás una niñera para la *fiesta* de todas maneras.
The parties have read, understood and agreed to the terms and conditions of this agreement.	Las partes leyeron, entendieron y aceptaron los términos y condiciones de este acuerdo.

23. Objective

My first choice was to telephone the Atlanta office but I wondered if I might get a more objective hearing from an office further from a good old boy network.	Mi primera opción fue llamar a la oficina de Atlanta pero me pregunto si puedo conseguir una audiencia más *objetiva* de una oficina lejos de una red de conocidos.
I tried to remain objective but I'm forced to admit, the assemblage made me feel a tad tetchy.	Traté de mantenerme *objetivo* pero tengo que admitirlo, el ensamblaje me hizo sentir un poco irascible.
At least Jane is still *objective* about this case.	Al menos Jane todavía es *objetiva* con este caso.

24. Entrepreneur

Any woman can be an *entrepreneur*, but if you want to be a Chic person you'll need to rise above the rest.	Cualquier mujer puede ser una *emprendedora*, pero si quieres ser una persona elegante tienes que destacarte del resto.
I have come up with six *entrepreneur* ideas that you should incorporate in your customer interactions to improve your customer service.	Se me ocurrieron seis ideas de *emprendimiento* que deberías incorporar en tus interacciones con clientes para mejorar tu servicio al cliente.
Entrepreneur innovation plays such a vital role in your online marketing.	La innovación de *emprendedores* cumple un rol vital en tu marketing en línea.

25. Contract

The *contract* requires him to finish work by the end of the year.	El *contrato* requiere que termine el trabajo al final del año.
I tore up the *contract* in frustration.	Rompí el *contrato* por la frustración.
As per *contract* law, you are bound to work for 8 hours a day.	Por la ley *contractual*, estás obligado a trabajar por 8 horas diarias.

26. Commercial

In addition to the storage buildings, Jim owns an insurance agency, a bank and a bunch of *commercial* real estate.	Además de los edificios de almacenamiento, Jim es dueño de una agencia de seguros, un banco y un montón de propiedades *comerciales*.
The capital was the center of all *commercial* activities.	El capital fue el centro de todas las actividades *comerciales*.
He continued the agitation with the object of attaining both the political and commercial independence of Hungary.	Él continuó la agitación con el objeto de obtener la independencia política y *comercial* de Hungría.

27. Venture Capital

He is widely regarded in Silicon Valley and in the US *venture capital* scene as a libertarian genius.	Él es muy conocido en Silicon Valley y el mundo del *capital de riesgo* estadounidense como un genio libertario.
The *venture capital* industry in Australia has grown dramatically during the past five years and has placed an increasing number of small...	La industria del *capital de riesgo* en Australia ha crecido dramáticamente durante los pasados cinco años y ha colocado un número cada vez mayor de pequeños...
Despite market volatility, *venture capital* and private equity investments retain	A pesar de la volatilidad del mercado, el *capital de riesgo* y las inversiones de equidad privada

fundamental appeal	retienen una atracción fundamental.

28. Investment

You can consider Gold Bonds as a secure *investment* option.	Puedes considerar los bonos dorados como una opción segura de *inversión*.
Building this factory would require an *investment* of around 50 million dollars.	Construir esta fábrica requeriría una *inversión* de alrededor de 50 millones de dólares.
Please do not put in so much money here; this will not prove to be a good investment.	Por favor no deposites tanto dinero aquí; esto no será una buena *inversión*.

29. Credit

You've got to give her *credit*; she knows what she's doing.	Debes darle *crédito*; ella sabe lo que está haciendo.
You need to have a strong *credit* history and a good job in order to get a mortgage.	Necesitas tener un buen historial de *crédito* y un buen trabajo para obtener una hipoteca.
She's finally getting the *credit* she deserves.	Al fin está recibiendo el *crédito* que merece.

30. Opportunity Cost

The *opportunity cost* for a woman to have a child is very high.	El *coste de oportunidad* para que una mujer tenga un hijo es muy alto.
Let us not forget the *opportunity cost* of having your highly skilled IT staff bogged down doing endless rounds of software installations	No olvidemos el *coste de oportunidad* de tener un personal de tecnologías de información experimentado haciendo rondas interminables de instalación de software.
One must understand better the *opportunity cost* of shifting resources away from other enterprises to cover the event.	Debe entenderse mejor el *coste de oportunidad* de retirar recursos de otras empresas para cubrir el evento.

31. Logistics

Massive expeditions by the USA in the immediate postwar period were powerful demonstrations of military *logistics* and technology.	Expediciones masivas de los EEUU en el periodo postguerra inmediato fueron demostraciones poderosas de *logística* y tecnología militar.
There is a lot of potential for supply chain management and *logistics* expertise.	Hay mucho potencial para experiencia de administración de cadena de suministros y *logística*.

| The game is mostly themed, but doesn't quite go as far as the actual mechanics of *logistics* and warfare. | El juego tiene una idea casi clara, pero no llega tan lejos como la mecánica de *logística* y guerra. |

32. Agreement

A free trade *agreement* by itself does not change cultures.	Un *acuerdo* de libre comercio por sí solo no cambia culturas.
Once you decide to take or give a house or flat on rent, the first question that would come to your mind is to get a proper rent *agreement* drawn.	Una vez decides quitar o dar una casa o apartamento en alquiler, lo primero que debería venir a tu mente es definir un *acuerdo* de alquiler.
I was surprised when the others nodded in *agreement*, fortifying me to continue.	Me sorprendí cuando los demás aceptaron el *acuerdo*, motivándome a continuar.

33. Shareholder

The *shareholders* of the company have been informed of the decisions taken in the AGM.	Los *accionistas* de la compañía han sido informados de las decisiones tomadas en el AGM.
The CEO of the company has taken special care to ensure that each *shareholder* gets his	El Presidente de la compañía se aseguró de que cada *accionista* recibiera su dividendo a

dividend on time.	tiempo.
All *shareholders* must fill up the voting form and send it by post.	Todos los *accionistas* deben llenar su formulario de votación y enviarlo por correo.

34. Stakeholder

I like the idea of *stakeholder* capitalism.	Me gusta la idea del capitalismo *colectivo*.
Everyone is a *stakeholder* in her job and in her role.	Todos son *beneficiarios* en su trabajo y en su rol.
This fashionable place bears the hallmarks of a restaurant without an owner, or at least a passionate *stakeholder*, dealing with customers.	Este moderno lugar tiene todos los rasgos de un restaurante sin dueño, o al menos un *beneficiario* apasionado, lidiando con los clientes.

35. Interest

India raised *interest* rates for the second straight month as the region's economies rapidly recover.	India elevó las tasas de *interés* por segundo mes consecutivo a medida que las economías de la región se recuperan rápidamente.

The newspapers waited anxiously to check whether the Reserve Bank will increase or hold *interest* rates.	Los diarios esperaban ansiosamente para verificar si el Banco de Reservas incrementaría o mantendría las tasas de *interés*.
I lost track of time until Alex came along and revived my *interest* in the ranch.	Perdí la noción del tiempo hasta que llegó Alex y revivió mi *interés* en la granja.

36. Customer service department

Jack has decided to approach the *customer service department* for the redressal of his grievance.	Jack decidió acercarse al *departamento de atención al cliente* para la compensación por su queja.
The *customer service department* is responsible to look after minor issues.	El *departamento de atención al cliente* es responsable por encargarse de problemas menores.
You must contact the *customer service department* to understand the tariff plan of your cellular connection.	Debes contactar al *departamento de atención al cliente* para entender el plan tarifario de tu conexión celular.

37. Inventory

We made an *inventory* of the	Hicimos un *inventario* de la

library's collection.	colección de la biblioteca.
We'll be doing *inventory* on the collection soon.	Haremos un *inventario* de la colección pronto.
The dealer keeps a large *inventory* of used cars and trucks.	El concesionario mantiene un gran *inventario* de carros y camionetas usados.

38. Terms

The club has finally agreed to terms of the enigmatic Costa Rican footballer.	El club por fin aceptó los *términos* del enigmático futbolista costarricense.
My terms are far kinder for you than I'd give anyone else.	Mis *términos* son mucho más amables para ti que para cualquier otro más.
I tried to recall the terms Quinn had quoted.	Traté de recordar los *términos* que citó Quinn.

39. Loan

Jill got a car *loan* today.	Jill consiguió hoy un *préstamo* para un carro.
He'll need several more years to pay off the rest of the *loan*.	Necesitará varios años más para pagar el resto del *préstamo*.
She needed money, so she	Ella necesitaba dinero, así que le

| asked her friend for a *loan*. | pidió un *préstamo* a su amiga. |

40. Lien

Tax *lien* certificates are one of the best ways to invest your money because they are considered very safe and secure investments	Los certificados de *gravamen* de impuestos son de las mejores maneras de invertir tu dinero porque son considerados inversiones muy seguras.
Her experience includes construction *lien* law, condominium conversions and general civil litigation.	Su experiencia incluye ley de *gravamen* de construcción, conversiones de condominio y litigios civiles generales.
There is a lien of USD 200 in my bank account.	Hay un *gravamen* de 200 USD en mi cuenta bancaria.

41. Manager

| The team will go outside the organization for a new *manager* and coaching staff. | El equipo irá afuera de la organización para buscar un nuevo *entrenador* y personal asistente. |
| The fact that it doesn't even show up in the device *manager* makes me think it might be damaged or defective. | El hecho de que ni siquiera aparece en el *administrador* de dispositivos me hace pensar que pueda estar dañado o |

	defectuoso.
As a result of allegations, the *manager* responsible for these staff requested a suspension hearing.	Como resultado de los alegatos, el *gerente* responsable de este personal solicitó una audiencia de suspensión.

42. Board of directors

The *Board of Directors* will hold the annual general meeting in Beijing this year.	La *junta directiva* tendrá su reunión general anual en Beijing este año.
The *Board of Directors* made an unsolicited offer to the CEO of the rival company.	La *junta directiva* hizo una oferta no solicitada al Presidente de la compañía rival.
The Board of Directors has promised to look into the matter as soon as possible.	La *junta directiva* prometió investigar el asunto tan pronto como fuera posible.

43. Accounting

One of Australia's top *accounting* bodies has put up a plan that will force Australia's non-profit sector to get its books in order.	Uno de los principales organismos de *contabilidad* en Australia ideó un plan que obligará al sector sin fines de lucro de Australia a poner en orden sus actas.

Australia is upset at delays in clarifying international *accounting* rules meant to attract foreign investment and encourage local companies	Australia está molesta por las demoras para aclarar las reglas de *contabilidad* internacionales que debían atraer inversión extranjera y motivar a las compañías locales.
I am feeling very nervous as the date of the *accounting exam* is drawing nearer.	Estoy muy nervioso ya que la fecha del examen de *contabilidad* se está acercando.

44. Staff

Employers have to perform a double act this year in attracting and keeping *staff* while containing wages growth	Los empleadores deben realizar un acto doble este año para atraer y mantener el *personal* mientras contienen el crecimiento de los salarios.
Proposed cutbacks to perks such as *staff* travel discounts are a major sticking point	Los cortes propuestos de beneficios como descuentos de viaje para el *personal* son un escollo importante.
It is believed the bullying inquiry into Senior Sergeant Ronald was prompted by complaints from *staff* in the drug and alcohol branch.	Se cree que la solicitud abusiva del Sargento Ronald fue causada por quejas del *personal* en el departamento de alcohol y sustancias.

45. Human Resources

He has more than 20 years experience in *human resources* leadership and management	Tiene más de 20 años de experiencia en liderazgo y gerencia de *recursos humanos.*
The *human resources* department saw slackness in the supply chain as a symptom of a deeper problem.	El departamento de *recursos humanos* vio *la* lentitud en la cadena de suministros como un síntoma de un problema más profundo.
The *Human Resources* department is looking to hire as many as 100 people this fiscal.	El departamento de *recursos humanos* está buscando contratar hasta 100 personas en este año fiscal.

46. Capital

Antwerp is recognized as the diamond *capital* of Europe.	Antwerp es reconocida como la *capital* diamante de Europa.
If you are trying to raise *capital* for an existing business you need to know your options.	Si estás tratando de reunir un *capital* por un negocio existente necesitas conocer tus opciones.
Jack provides working *capital* loans, commercial mortgages, business cash advances and SBA loan refinancing throughout the United States.	Jack ofrece préstamos de *capital* para trabajar, hipotecas comerciales, avances de efectivo para negocios y préstamos de financiamiento de SBA en todos

| | los Estados Unidos. |

47. Budget

It cannot be denied that the Government has allocated vast amounts of money to the Health *budget* over the past few years.	No se puede negar que el gobierno ha asignado inmensas cantidades de dinero al *presupuesto* para la salud en los últimos años.
Another major issue is how to *budget* the money to pay for all the security needs.	Otro problema importante es cómo *asignar los fondos* para pagar por todas las necesidades de seguridad.
The city *budget* will only allocate money for the dengue eradication campaign, which includes fumigation.	El *presupuesto* de la ciudad solo asignará dinero para la campaña de erradicación del dengue, que incluye fumigación.

48. Disruption

The *disruption* affected approximately 15 scheduled peak hour services.	La *alteración* afectó aproximadamente 15 horas pico programadas de servicio.
The Government has an interest in getting it done with least *disruption* and least cost.	El gobierno tiene un interés en realizarlo con la menor *alteración* y menor costo.

SPANISH FOR BUSINESS: FAST TRACK LEARNING for ENGLISH SPEAKERS

Experts described an unusual confluence of conditions that heighten prospects for a serious *disruption* soon.	Los expertos describen una confluencia inusual de condiciones que elevan los prospectos para una seria *alteración* pronto.

49. Networking

Social *networking* can be fun but also dangerous.	Hacer *contactos por la red* pueden ser divertidas pero también peligrosas.
There's no doubt that online *networking* events are a great way to network with others in your business niche.	No hay duda que los eventos de *redes de contactos* son una excelente manera de reunirse con otros en tu nicho de negocios.
The store has become very popular after it decided to advertise itself on social networking sites.	La tienda se ha hecho muy popular desde que decidió promocionarse en sitios de *redes sociales*.

50. Launch

Japanese scientists are readying the *launch* of a probe to learn about the planet's meteorological phenomenon.	Los científicos japoneses están preparando el *lanzamiento* de una sonda para aprender sobre el fenómeno meteorológico del

	planeta.
Apple will *launch* the new iPhone at Detroit tonight.	Apple *lanzará* el nuevo iPhone en Detroit esta noche.
The company is set to *launch* a new pension scheme for all its employees.	La compañía está lista para *lanzar* un nuevo sistema de pensiones para todos sus empleados.

51. Consumer

Many *consumers* are still not comfortable making purchases on the Internet.	Muchos *consumidores* todavía no están cómodos haciendo compras en Internet.
Almost all *consumers* purchase coffee on the basis of price, not on the basis of how it is produced.	Casi todos los *consumidores* compran café según su precio, no según como se produce.
Consumers will demand less of the imported goods as they now have to pay a higher price.	Los *consumidores* exigirán menos productos importados ya que ahora tienen que pagar precios más altos.

52. Supply chain

The company says that it will boost oversight over its *supply*	La compañía dice que impulsará su supervisión de su *cadena de*

chain and impose stricter requirements on its poultry producers.	*suministros* e impondrá requisitos más estrictos en sus productos avícolas.
The company needs to upgrade its *supply chain* system to do well in this environment.	La compañía necesita actualizar su sistema de *cadena de suministros* para que les vaya bien en este ambiente.
The University has decided to introduce a separate course on *supply chain* management in view of the rising demand.	La universidad decidió presentar un curso separado de administración de *cadena de suministros* por la creciente demanda.

53. Startup

Affiliate marketing is regarded as a suitable home business *startup* idea.	El marketing afiliado es considerado una idea de *empresas nuevas* aceptable.
Selling *startup* websites are getting to be quite common these days and because of this.	Vender sitios web de *empresas nuevas* se está haciendo común últimamente por esto.
If you want a faster computer *startup*, you need to clean up your computer's unnecessary desktop items.	Si quieres un *arranque* más rápido en tu computadora, necesitas limpiar los elementos innecesarios del escritorio de tu computadora.

54. Branding

The company's decision has a lot to do with *branding* positioning	La decisión de la compañía tiene mucho que ver con el posicionamiento de *marca*.
Hotmail is and always has been part of the Microsoft global *branding* strategy.	Hotmail es y siempre ha sido parte de la estrategia global de *marca* de Microsoft
Branding is very important for the survival of any company and Jack knows this very well.	La estrategia de *marca* es una parte importante de la subsistencia de cualquier compañía y Jack sabe bien esto.

55. Overhead

A jet had just passed *overhead* at treetop level.	Un jet acaba de pasar *por encima* a la altura de los árboles.
The company had two projection systems – *overhead* and rear.	La compañía tenía dos sistemas de proyección, *superior* y trasero.
The company has to eliminate the high *overhead* cost to reduce the overall cost of products.	La compañía tiene que eliminar los altos *gastos generales* para reducir el costo general de los productos.

56. Point of sale

Point of Sale software is the best technology for managing retail business.	El software de *punto de venta* es la mejor tecnología para administrar negocios minoristas.
The benefits of *Point of Sale* Systems Are Becoming More Apparent.	Los beneficios de los sistemas de *punto de venta* se están haciendo más obvios.
The government has decided to introduce *point of machines* at all retail outlets.	El gobierno decidió presentar máquinas de *punto de venta* en todas los locales minoristas.

57. Cost

The company has decided to reduce its overall *cost* of manufacturing to make more profits.	La compañía decidió reducir su *costo* general de fabricación para generar más ganancias.
The *cost* of the daily essentials has increased manifold over these years.	El *costo* de los esenciales diarios se ha incrementado mucho estos años.
The company increased the price of the products as there has been a rise in the *cost* of raw materials.	La compañía incrementó el precio de los productos ya que hubo un aumento en el *costo* de la materia prima.

58. Wholesale

The key to cheap supply is bulk buying from the *wholesale* market.	La clave para un suministro barato es comprar en lotes del mercado *mayorista*.
There are various theories for this, but most experts agree a significant contributing factor is our *wholesale* fish market in Dunedin.	Hay varias teorías para esto, pero la mayoría de los expertos están de acuerdo de que un factor importante en la colaboración es nuestro mercado de pescado *mayorista* en Dunedin.
The prosperity of the state depends upon the success of its extensive *wholesale* market.	La prosperidad del estado depende del éxito de su extenso mercado *mayorista*.

59. Company

It is possible for a *company* to report a profit despite more money.	Es posible que una *compañía* reporte ganancias a pesar de más dinero.
A small technology start-up *company* is being sued in a court case that could shape the way people view digital television.	Una pequeña *compañía* nueva está siendo demandada en un caso que podría definir la manera en que la gente ve la televisión digital.
The Easy *Company* fought	La *compañía* Easy peleó con

valiantly in the Second World War.	valentía en la Segunda Guerra Mundial.

60. Revenue

Government officials have reported a decrease in *revenue*.	Los oficiales del gobierno reportaron una reducción en los *ingresos*.
The firm is looking for another source of *revenue*.	La firma está buscando otra fuente de *ingresos*.
Government often have difficulty ensuring that spending does not exceed *revenue*.	A los gobiernos a menudo se les dificulta asegurar que los gastos no excedan los *ingresos*.

61. Salary

The wages weren't all that great, but deducting rent, utilities and groceries from her present *salary*, it wound up being a good deal more.	Los *salarios* no eran tan buenos, pero restando la renta, utilidades y víveres de su *salario* actual, terminarían siendo mucho mejores.
They both knew he spoke the truth—a steady *salary* would go a long way toward lessening their money problems.	Ambos sabían que él decía la verdad, un *salario* constante sería muy útil para aliviar sus problemas monetarios.
We needed the *salary* very	Necesitábamos mucho el *salario*;

SPANISH FOR BUSINESS: FAST TRACK LEARNING for ENGLISH SPEAKERS

| badly; so there was no question of quitting. | así que no se podía considerar renunciar. |

62. Account

This trading *account* can be linked to your existing login code.	Esta *cuenta* de comercio puede ser relacionada con tu código de inicio de sesión existente.
I took out my money and closed my *account*.	Saqué mi dinero y cerré la *cuenta*.
Every week, she puts a part of her paycheck into a separate *account*.	Cada semana, ella coloca parte de su pago en una *cuenta* separada.

63. Grant

Hundreds of Victorians caught falsely claiming first home buyer *grants* are being pursued for repayment.	Cientos de victorianos descubiertos por afirmar falsamente *subvenciones* de compra de casas están siendo perseguidos para pagar.
The Literature Board is about to decide whether its *grants* are fair.	La junta de literatura está por decidir si sus *subvenciones* son justas.
The company has decided to issue grants for all its female	La compañía decidió emitir *subvenciones* para todas sus

| employees. | empleadas del sexo femenino. |

64. Non profit organization

The government has been very strict on all *non profit organizations*.	El gobierno ha sido muy estricto con todas las *organizaciones sin fines de lucro*.
The duty of a *non profit organization* is to look after the welfare of the people.	La labor de una *organización sin fines de lucro* para buscar el bienestar de la gente.
All *non profit organizations* must conform to the standards laid down by the governing body.	Todas las *organizaciones sin fines de lucro* deben conformarse a los estándares establecidos por el órgano rector.

65. Operations

Companies can outsource *operations* to full-service providers or establish national.	Las compañías pueden tercerizar las *operaciones* a proveedores de servicios completos o establecer nacional.
All logging *operations* in the country are legal.	Todas las *operaciones* de registro en el país son legales.
China has asked the Federal Government if it can conduct its own uranium exploration and	China le pidió al gobierno federal si puede conducir sus propias *operaciones* de

mining *operations* in Australia.	exploración de uranio en Australia.

66. CEO

This is not to say that Hamilton would have been a great *CEO*, nor Zuckerberg an outstanding general.	No quiere decir que Hamilton hubiera sido un excelente *director Ejecutivo*, ni que Zuckerberg hubiera sido un general sobresaliente.
Google *CEO* Eric Schmidt famously asserted in 2010 that we create more content every two days than in the history of civilization up to 2003.	El *Director Ejecutivo* de Google famosamente afirmó en 2010 que creamos más contenido cada dos días que en la historia de la civilización hasta el 2003.
The CEO has decided to do away with the fire & hire policy of the company.	El *Presidente* decidió eliminar las políticas de despido y contratación de la compañía.

67. Equity

One of the main reasons negative *equity* is an important issue now is the increasing rate of unemployment.	Una de las principales razones por las que la *equidad* negativa es un problema importante son las tasas crecientes de desempleo.
Australian-based journalist Tim	El periodista australiano Tim

Johnston writes for US readers about our private *equity* conundrum.	Johnston escribe a los lectores estadounidenses sobre nuestro dilema de *equidad* privada.
Private *equity* is consuming companies at an unprecedented pace.	La *equidad* privada consume compañías a un ritmo sin precedentes.

68. Competitor

McDonald's is considered to be a serious *competitor* to the fast food chain, Burger King.	McDonald's es considerado un serio *competidor* de la cadena de comida rápida Burger King.
The CEO says that he is his own *competitor*.	El Presidente dice que él es su propio *competidor*.
A market without neck-to-neck competitors is really a boring one.	Un mercado sin *competidores* es aburrido.

69. Merger

We are in the middle of a *merger* and acquisition engagement representing a Human Resources Consulting company.	Estamos en el medio de una *fusión* y adquisición representando una compañía de asesoría de recursos humanos.
This case study highlights the	Este caso de estudio resalta la

importance of having a well thought-out and executed *merger* and acquisition strategy.	importancia de tener una estrategia bien pensada y ejecutada para *fusiones* y adquisiciones.
The two fast food companies signed a *merger* deal that will be effective from the new fiscal.	Las dos compañías de comida rápida firmaron un acuerdo de *fusión* que será efectivo desde el próximo año fiscal.

70. Acquisition

The museum has put its latest *acquisitions* on display.	El museo puso en exhibición sus últimas *adquisiciones*.
The big company's newest *acquisition* is a small chain of clothing stores.	La más nueva *adquisición* de la gran compañía es una pequeña cadena de tiendas de ropa.
The first is that the proposals would involve an *acquisition* of property by the government.	La primera es que las propuestas involucrarían una *adquisición* de propiedad por el gobierno.

71. Partnership

| We believe that this exciting *partnership* marks a turning point for our organization. | Creemos que esta emocionante *sociedad* marca un punto de inflexión para nuestra |

	organización.
A marriage is a *partnership*, not a dictatorship.	Un matrimonio es una *sociedad*, no una dictadura.
Jill and Jim entered into a *partnership* business and decided to share profits and losses equally.	Jill y Jim entraron en una *sociedad* de negocios y decidieron compartir las ganancias y pérdidas de igual manera.

72. Agenda

We are still on the first step of my six-point *agenda* for planned retirement.	Todavía estamos en el primer paso de mi *plan* de seis puntos para el retiro planificado.
Contrary to popular belief, a nationalized health care system has never actually been on the *agenda* for President Elect Obama.	Al contrario de la creencia popular, un sistema de salud nacionalizado nunca ha estado en los *planes* del Presidente electo Obama.
The CEO tricked the employees to stay in the company to further his agenda.	El Presidente engañó a los empleados para que se quedaran en la compañía para sus propias *intenciones ocultas*.

73. Status report

I am still waiting for the *status report* to arrive from the work supervisor.	Todavía estoy esperando que llegue el *informe de actualización* del supervisor laboral.
The company has promised to take action as soon as it receives the *status report* from its officer.	La compañía prometió actuar tan pronto como reciba el *informe de actualización* de su oficial.
The government has asked the supervisor to take stringent action on the basis of the *status report*.	El gobierno le pidió al supervisor actuar firmemente basándose en el *informe de actualización*.

74. Margin

When investing in the stock market, you have an option opening a cash account or a *margin* account.	Cuando se invierte en el mercado de bolsa, tienes la opción de abrir una cuenta en efectivo o una cuenta de *margen*.
This article will show salespeople with some degree of pricing authority how to optimize gross *margin* without losing the sale.	Este artículo le enseñará a los vendedores con algún grado de autoridad de precios cómo optimizar el *rendimiento* bruto sin perder la venta.
The following table lists the managed funds that are	La siguiente tabla enumera los fondos administrados que están aprovados para préstamo de

approved for *margin* lending.	*margen*.

75. Sponsor

The relationship between the cycling team and their *sponsor* was damaged further when several former riders confessed to taking EPO earlier.	La relación entre el equipo de ciclismo y su *patrocinante* se vio más afectada cuando varios ciclistas retirados confesaron tomar EPO anteriormente.
Dual Olympic gold medalist Ryan Bayley can't find a major *sponsor* because of cycling's drug-tainted reputation.	El doble medallista olímpico Ryan Bayley no puede encontrar un *patrocinante* por la reputación manchada por el consumo de drogas en el ciclismo.
China's second largest solar panel manufacturer will be the first Chinese company to *sponsor* the World Cup soccer.	El segundo mayor fabricante de páneles solares en China será la primera compañía en *patrocinar* la Copa Mundial de fútbol.

76. Income statement

The bank asked its client to submit the *income statement* in support of the credit card application.	El banco le pidió a su cliente enviar el *estado de pérdidas y ganancias* como respaldo para la solicitud de tarjeta de crédito.
You must submit your *income*	Debes enviar tu *estado de*

statement well in advance to get cash advance from the financial company.	*pérdidas y ganancias* con anticipación para obtener un avance de efectivo de la compañía financiera.
The *income statement* is an important document as it shows the sales, expenses and profits for a month.	El *estado de pérdidas y ganancias* es un documento importante ya que muestra las ventas, gastos y ganancias de un mes.

77. Balance sheet

For law firms of all sizes, next to payroll, the single largest item on the monthly *balance sheet* is usually office rent.	Para firmas legales de todos los tamaños, después de la nómina, lo más grande en su *hoja de balance* suele ser la renta de la oficina.
So every time we are about to reincarnate we look at our karmic *balance sheet* and decide just what karmas-good and bad-shall be reaped in the next life.	Así que cada vez que vamos a reencarnar vemos la *hoja de balance* kármico y decidimos qué karma (bueno y malo) será segado en la siguiente vida.
When the *balance sheet* got really grim, everyone doubled down.	Cuando la *hoja de balance* se puso muy desalentadora, todos redoblaron.

78. Cash flow statement

The *cash flow statement* is where you'll find the main plot before the twists and turns in the notes.	El *estado de flujo de fondos* es donde encontrarás la trama principal antes de las sorpresas en las notas.
The *Cash Flow Statement* is derived from the Cash Flow Budget, which is a forecast of cash receipts and payments.	El *estado de flujo de fondos* deriva del presupuesto de flujo de fondos, que es una predicción de los recibos y pagos en efectivo.
The *Cash Flow Statement* Helps You Run a Successful Business.	El *estado de flujo de fondos* te ayuda a administrar un negocio exitoso.

79. Bill

Direct debits are an easy and popular way to pay regular fixed *bills*, such as health insurance or gym memberships, or varying amounts.	Los débitos directos son una manera sencilla y popular de pagar *facturas* regulares, como seguro o membresía del gimnasio, o cantidades variables.
The citizens have been warned that their water *bills* will double in five years to pay for the State Government'...	Los ciudadanos han sido alertados de que sus *facturas* de agua aumentarán el doble en cinco años para pagar por el gobierno estatal...
The city households face a	Los hogares de la ciudad

double-edged sword on their gas *bills*, with distribution costs set to fall but consumption charges on the rise.	enfrentan una espada de doble filo en sus *facturas* de gas, con costos de distribución cayendo pero costos por consumo elevándose.

80. Platform

There's more to investment *platforms* than just fees.	Hay más en las *plataformas* de inversión que solo los cargos.
The company plans to use the show as a *platform* to launch the new soft drink.	La compañía planea usar el programa como una *plataforma* para lanzar una nueva bebida.
He stepped up onto the *platform* and looked out into the audience.	Pisó la *plataforma* y miró a la audiencia.

81. Trading

There are a number of different types of Warrants which will suit different *trading* strategies.	Hay una variedad de tipos de garantías que serán apropiadas para diferentes estrategias de *comercio*.
They may try to ban you from day *trading* given the current climate.	Pueden intentar prohibirte el *comercio* intradía por el clima actual.

| The state has begun to indulge in fraudulent *trading* practices. | El estado comenzó a enredarse con prácticas de *comercio* fraudulentas. |

82. Social media

Despite boosting their spending on digital marketing, many companies are still getting *social media* wrong.	A pesar de aumentar sus gastos en marketing digital, muchas compañías todavía no comprenden las *redes sociales*.
The *social media* plays an active role in the life of the youth today.	Las *redes sociales* cumplen un rol activo en la vida de la juventud de hoy.
A business must use *social media* to market its products effectively.	Un negocio debe usar *redes sociales* para promocionar sus productos efectivamente.

83. Project

| He tried to explain his *project* to me on the phone call of his wife's invitation, but I was lost in the first sentence. | Trató de explicarme su *proyecto* en la llamada de la invitación de su esposa, pero me perdí en la primera oración. |
| Martha recently told me his summer plant testing *project* was a major disappointment. | Martha recientemente me dijo este verano que su *proyecto* de prueba de plantas en verano fue |

	una gran decepción.
Chevron Australia has pledged to undertake the first large scale carbon dioxide *project* in Australia.	Chevron Australia se comprometió a encargarse del primer *proyecto* a gran escala de dióxido de carbono en el país.

84. Multitask

Telemarketing services can *multitask* as call center services during heavy workload.	Los servicios de marketing telefónico pueden hacer *multitarea* como servicios de centro de llamadas durante días de trabajo excesivo.
This feature alone helps the PC to *multitask* at mind boggling rates.	Esta característica ayuda a la PC a hacer multitarea a velocidades impresionantes.
The ability to *multitask* will help us cope with interruptions and changing priorities.	La capacidad de *multitarea* nos ayudará a superar interrupciones y cambios de prioridades.

85. consensus

There's a better scientific *consensus* on this than on any	Hay un mejor *consenso* científico con esto que con cualquier

issue I know.	problema que conozca.
The *consensus* involves the International Panel on Climate Change.	El *consenso* involucra el Panel Internacional del Cambio Climático.
The Washington *consensus* was propagated by the International Monetary Fund and the OECD.	El *consenso* de Washington se propagó con el Fondo Monetario Internacional y el OECD.

86. Resign

When it comes time to *resign* your employment position, you'll want to do it in a manner that is professional and courteous.	Cuando se trata de *renunciar* a tu posición laboral, querrás hacerlo de manera que sea profesional y cortés.
The former finance minister who was forced to *resign* over his apparently drunken behavior has been found dead at his home.	El antiguo ministro de finanzas que fue obligador a *renunciar* por su aparente problema con la bebida fue encontrado muerto en su casa.
Jack has decided to *resign* from his office over the pay issue.	Jack decidió *renunciar* de su oficina por un problema de pagos.

87. CV

SPANISH FOR BUSINESS: FAST TRACK LEARNING for ENGLISH SPEAKERS

Many people underestimate the importance employers place on the hobbies and interests section of a *CV*.	Muchas personas subestiman la importancia que los empleadores le dan a la sección de pasatiempos e intereses en un *resumen curricular*.
You must submit your *CV* to the Human Resource department so that they consider you for the job.	Debes enviar tu *resumen curricular* al departamento de recursos humanos para que te consideren para el trabajo.
The CEO believes that a *CV* is an extension of one's identity.	El Presidente cree que un *resumen curricular* es una extensión de la identidad de uno.

88. Conference call

He was on a *conference call* and due any minute.	Él estaba en una *llamada en conferencia* y terminará en cualquier minuto.
Jim was on a *conference call* when Alice turned up.	Jim estaba en una *llamada en conferencia* cuando apareció Alice.
Jack is on a busy *conference call* with his clients.	Jack está ocupado en una *llamada en conferencia* con sus clientes.

89. Exchange rate

The *exchange rate* of the USD is so low nowadays is that it doesn't make sense to do business anymore.	La *tasa de intercambio* del dólar es tan baja hoy en día que no tiene sentido seguir haciendo negocios.
You can subscribe to this service to get the latest information on *exchange rates*.	Puedes suscribirte a este servicio para obtener la información más reciente de *tasas de intercambio*.
Please keep eyes on the *exchange rate* before you decide to embark on forex trading.	Por favor presta atención a la *tasa de intercambio* antes de decidir embarcarte en comercio de divisas.

90. Transaction

This daily *transaction* account offers fee-free banking, with bonuses and rebates designed to help you pay as little as possible.	Esta cuenta de *transacción* diaria ofrece banca libre de cargos, con bonificaciones y reembolsos diseñados para ayudarte a pagar lo menos posible.
When it is satisfied that you are entitled to reverse the *transaction*, it will credit your account.	Cuando se satisfaga que sea merecedor para revertir la *transacción*, se acreditará a su cuenta.

SPANISH FOR BUSINESS: FAST TRACK LEARNING for ENGLISH SPEAKERS

| Fee-free *transaction* accounts now available across the world. | Las cuentas de *transacción* libres de cargos ahora están disponibles en todo el mundo. |

91. Viral marketing

A *viral marketing* campaign has been launched by the beverages company.	La compañía de bebidas lanzó una campaña de *marketing viral*.
Viral marketing is only successful if the content is deemed worthwhile by net users.	El *marketing viral* solo es exitoso si el contenido es considerado bueno por los usuarios de la red.
The people began to wonder if this chatty weekly was part of a *viral marketing* campaign for the sneaker multinational.	La gente comenzó a preguntarse si esta charla semanal era parte de una campaña de *marketing viral* para la multinacional de zapatos.

92. Industry

New statistics from the Australian Film Commission effectively consign the local film *industry* to oblivion.	Nuevas estadísticas de la Comisión de Cine Australiana efectivamente llevaron a la *industria* del cine local al olvido.
The reporter looks at why the local game *industry* faces an	El reportero mira por qué la *industria* de videojuegos local

uncertain future.	enfrenta un futuro incierto.
The TAFE courses are specifically designed to prepare students for *industry* and give you job skills.	Los cursos de TAFE están específicamente diseñados para preparar a los estudiantes para la *industria* y darles habilidades útiles para el trabajo.

93. Monetization

Online business owners are fortunate to have a wide variety of *monetization* options.	Los propietarios de negocios en línea son afortunados por tener una gran variedad de *monetización*.
I need to buy a book on *monetization* as soon as I reach the city.	Necesito comprar un libro de *monetización* tan pronto como llegue a la ciudad.
The professor gave a lengthy lecture on the various issues of *monetization*.	El profesor dio una charla extensa de los numerosos problemas de la *monetización*.

94. Scalable

The technology is now *scalable* in order to be able to provide the back.	La tecnología es ahora *expansible* para poder proporcionar el respaldo.
My vision is to monetize *scalable*	Mi visión es monetizar cadenas

value chains.	de valor *expansibles*.
Jack needed a *scalable* IT system capable of adapting to a fast-changing environment.	Jack necesitaba un sistema de tecnologías de información *expansible* capaz de adaptarse a un ambiente cambiante.

95. Strategy

They are proposing a new *strategy* for treating the disease with a combination of medications.	Están proponiendo una nueva *estrategia* para tratar la enfermedad con una combinación de medicamentos.
The government is developing innovative *strategies* to help people without insurance get medical care.	El gobierno está desarrollando *estrategias* innovadoras para ayudar a la gente sin seguro a recibir atención médica.
The businessman adopted a shrewd *strategy* to make the employees work for him.	El hombre de negocios adoptó una *estrategia* astuta para hacer que los empleados trabajaran para él.

96. Information technology

Technical support in an *information technology* forum helps you to take safeguards against such an ongoing threat	El soporte técnico en un foro de *tecnologías de la información* te ayuda a tomar medidas contra una amenaza constante de

on a continuous basis.	manera continua.
Information technology management has become a more integral part of a business process.	La gerencia de *tecnologías de la información* se ha convertido en una parte más integral del proceso de un negocio.
Colleges are failing to turn out enough information *technology* graduates.	Las universidades están fallando en graduar suficientes profesionales de *tecnologías de la información*.

97. Trademark

There are several cases, focusing on questions of intellectual property and *trademark* protection.	Hay muchos casos, enfocándose en preguntas de propiedad intelectual y protección de *marcas registradas*.
Disputes between registered *trademark* owners and domain name registrants are likely to grow because of misunderstandings among business.	Las disputas entre propietarios de *marcas registradas* y registradores de nombres de dominios probablemente aumenten por malos entendidos entre negocios.
The companies are almost fighting with each other over property rights and *trademark* violations.	Las compañías están casi peleándose entre sí por violaciones de derechos de propiedad y *marcas*

	registradas.

98. Business plan

This simple *business plan* template is an excellent tool to get you thinking about your goals and missions.	Este *plan de negocios* simple es una excelente herramienta para empezar a pensar en metas y misiones.
When raising capital your investor *business plan* is not as critical as you might think nonetheless it is still very important in your overall business.	Cuando el capital aumenta el *plan de negocios* de tus inversionistas no es tan crítico como piensas sin embargo sigue siendo muy importante en tu negocio.
For a Freelancer an appropriate *business plan* is essential.	Para un trabajador independiente, un *plan de negocios* apropiado es esencial.

99. Deadline

She worked on her composition right up until the *deadline*.	Ella trabajó en su composición hasta el *plazo límite*.
The project was completed a week past its *deadline*.	El proyecto fue terminado una semana después de su *plazo límite*.
The Government is believed to	Se cree que el gobierno quiere

| be about to impose a *deadline* on negotiations over access to new coal deposits | imponer un *plazo límite* en las negociaciones para el acceso a nuevos depósitos de carbón. |

100. Veto

He has vowed to *veto* it and force the Directors to send him a version he can sign.	El prometió *vetarlo* y forzar a los directores a enviarle una versión que pudiera firmar.
Iraq has already said it does not want a *veto* over US military actions	Irak ya dijo que no quiere *vetar* para las acciones militares estadounidenses.
The CEO would work to override the President's veto next week.	El Director Ejecutivo trabajaría para invalidar el *veto* del Presidente la semana que viene.

Made in the USA
San Bernardino, CA
17 January 2018